AF279038

DIALOGUE

HISTORIQUE

ENTRE UN ROYALISTE

ET UN LIBÉRAL.

PARIS. — IMPRIMERIE D'AD. LE CLERE ET Cᵢᵉ,
Quai des Augustins, nᵒ 35.

DIALOGUE

HISTORIQUE

ENTRE UN ROYALISTE

ET UN LIBÉRAL,

Par M. D'Ollé de Mantet.

PARIS.

AD. LE CLERE ET Cie, IMPRIMEURS-LIBRAIRES,

QUAI DES AUGUSTINS, No 35.

1830.

AVERTISSEMENT.

C'est au vœu de ma conscience que je souscris en publiant ce *Dialogue*. Dans toutes mes actions, je crois être inspiré par la justice, et j'obéis comme si j'étois commandé par Dieu même. Mes doctrines sont essentiellement monarchiques et religieuses; rien au monde ne pourra me faire départir de ces bons principes que je tiens de mes aïeux, et que je veux transmettre à mes petits-fils.

L'honneur pour boussole, et la foi pour appui, furent et seront toujours ma devise.

Avec de tels sentimens, on peut éviter tous les écueils de ce monde, et c'est là mon seul désir; car point de bonheur sans religion : elle est une consolation pour tous les chagrins, un remède efficace contre tous les maux.

Je crois donner une preuve éclatante de la pureté de mes sentimens en publiant ce *Dialogue*, qui tend à faire ressortir la perversité des libéraux et des feuilles révolutionnaires et athées.

On me reprochera peut-être d'avoir peint les libéraux avec des couleurs trop vives : on aura tort, car je les ai peints d'après nature. Ce qui paroît extraordinaire, c'est que je leur ôte le masque de l'hypocrisie dont ils recouvrent leur fausseté. Avant de les condamner, je les ai bien étudiés depuis leur naissance jusqu'à ce jour ; je les ai vus de près ; il n'est pas un de mes malheurs qui n'ait fait un de leurs triomphes. Là, plusieurs des miens ont succombé sous leurs coups ; là, j'ai vu plonger ma fortune dans l'abîme révolutionnaire ; là, de glorieuses ruines attestent le passage de ces bandes dévastatrices, qui maintenant nous vantent leur amour pour la tranquillité et le bien de tous.

Quant aux royalistes, il est inutile de faire ici leur éloge; il est gravé dans le cœur de tous les hommes de bien. Quel département, quelle ville, quel village, n'ambitionne encore d'imiter ces héroïques contrées qui, dans chaque habitant, voyoient naître un héros, un défenseur de son Dieu et de son Roi! Puisse toute la France revenir à de si nobles sentimens, et s'armer au plus tôt contre toute faction qui voudroit son malheur, en réclamant l'éloignement de conseillers royalistes pour y placer des révolutionnaires! Puisse la Providence divine veiller sur la patrie de saint Louis et de Louis XVI! Puisse notre amour pour le bien nous rendre dignes de ses faveurs, et ramener la paix et le bonheur parmi nous! Puisse toujours mon pays être gouverné par des royalistes, car loin d'eux il n'y a que corruption et anarchie!

Honneur et gloire à MM. de Polignac et de Montbel, qui supportent avec résignation les amertumes et les humiliations dont on les abreuve chaque jour! Honneur à ces nobles athlètes qui combattent avec un héroïque courage l'hydre de la révolution! Puissent leurs efforts être couronnés du succès!!!

D'Ollé de Mantel.

DIALOGUE

HISTORIQUE

ENTRE UN ROYALISTE

ET UN LIBÉRAL.

LE LIBÉRAL.

Eu bien! Monsieur, voilà les Chambres convoquées; avant d'y être contraint par l'évènement, voulez-vous vous rendre à l'évidence? Êtes-vous convaincu de l'impossibilité de tout ministère dans votre sens?

LE ROYALISTE.

Je ne me rendrai jamais à votre évidence; elle n'est pour moi qu'une erreur. Attendez les députés, et une immense majorité vous apprendra qu'ils ne sont pas sourds aux vœux de leur souverain et de cette partie de la France qui ne trouve pas son bonheur dans le désordre.

LE LIBÉRAL.

Je serois curieux de savoir sur quoi vous fondez votre majorité; je voudrois vous confondre sur l'heure, et vous mettre au premier rang de mes prosélytes. J'écoute, et suis prêt à vous anéantir.

LE ROYALISTE.

Je fonde mon opinion sur la raison; ainsi vous pourrez vous flatter de ma conversion en libéral, car je vous avoue que je suis convaincu de la supériorité de mes titres à l'estime de tous les gens de bien.

LE LIBÉRAL.

Il s'agit de la majorité, et je voudrois savoir quel moyen vous comptez employer pour l'obtenir. Si vous pensez à dissoudre la Chambre, je dois vous avertir que vos efforts sont superflus; d'abord, le Roi ne voudra pas la dissoudre; puis, s'il vouloit, elle deviendroit entièrement libérale.

LE ROYALISTE.

Si le Roi reconnoît l'efficacité d'une dissolution, il l'ordonnera sans craindre de déplaire ou de flatter tel ou tel parti; il lui suffira de savoir qu'il s'agit du bonheur de ses peuples.

LE LIBÉRAL.

Enfin, développez-moi votre manière de voir, afin que je puisse vous prouver, par A plus B, que vous êtes dans les ténèbres, et que je vous fasse connoître la *vraie lumière*.

Le ROYALISTE.

Je reconnois : qu'il ne peut y avoir de sécurité durable que sous un chef suprême de l'État, lequel doit être héréditaire; que toute violation à cette base fondamentale est une excitation aux passions du peuple, une instigation à la guerre civile. Il y a une foule d'exemples de cette vérité, qui pourtant est méconnue d'un grand nombre de personnes, au nombre desquelles je vous compte; il est évident que le Roi doit s'entourer de sujets dévoués à la monarchie, et non de *révolutionnaires;* je dis révolutionnaires, car, lorsqu'on veut contrarier le Roi dans sa marche, que l'on demande ses prérogatives sous le nom de *garanties publiques,* c'est une révolution, c'est un second bouleversement général après lequel on soupire. Que cette dérogation soit au profit de quelque usurpateur ou d'un gouvernement révolutionnaire, qu'importe? Si le bon pilote est destitué par des passagers qui ne comprennent pas son utilité, le vaisseau court grand danger de faire naufrage, jusqu'à ce que son premier directeur soit réintégré, et que par sa sagesse et ses lumières il rétablisse l'équilibre du vaisseau et le mette en garde contre les tempêtes et les écueils. C'est ce qui est arrivé, quand M. Decazes tenoit le gouvernail de l'État : M. de Villèle est venu calmer l'orage que ce premier avoit formé, et c'est pour ce motif qu'il a été appelé *déplorable.* En effet, il l'étoit pour la faction ennemie du trône, car il ne vouloit rien lui accorder sans consulter l'intérêt du Roi et de la France.

LE LIBÉRAL.

Je vous conseille de me citer M. de Villèle, lui qui est venu rapiner, dilapider le trésor! il a emporté plus de cinq cents millions à la France! Il va acheter une colonie ou une province; puis il viendra sans doute reprendre le ministère à main armée... puis... Mais j'ai promis de vous écouter, continuez.

LE ROYALISTE.

Le Roi doit choisir dans son royaume parmi les plus vertueux, les plus expérimentés, ceux de ses sujets qui sont cités par leur dévouement à sa dynastie, afin qu'ils comprennent sa volonté royale, et gèrent de manière à rendre le peuple heureux, tout en affermissant le trône de saint Louis; il est évident encore que des buonapartistes ou des républicains ne sont pas propres à gouverner une monarchie.

Ils cachent leur ambition sous le masque de la popularité; mais les malheureux jours de la révolution nous apprennent de quelle épithète on doit désormais les qualifier. Robespierre aussi se disoit philanthrope, ami du peuple, protecteur de l'humanité, et chaque jour il faisoit exécuter trente ou quarante personnes. Pouvez-vous nier ces sanglans souvenirs?

LE LIBÉRAL.

Vous confondez les libéraux et les révolutionnaires.

LE ROYALISTE.

Non, la morale du libéral est celle du jacobin et du révolutionnaire. C'est une morale qui fait reculer d'horreur la plupart de ceux-mêmes qui se disent libéraux; c'est cette morale qui donne naissance à diverses factions; c'est cette morale qui met les peuples aux prises, lorsque les trônes qu'elle aura renversés ne pourront plus les mettre à l'abri de leurs propres fureurs; c'est cette morale qui détruit les autels et crée le néant de l'athéisme; c'est cette morale qui fait couler des torrens de sang et amoncèle les ruines. Mais cette morale n'a qu'un temps, parce qu'elle ne peut produire que le désordre et le chaos, et que le chaos et le désordre, contraires à la nature de l'homme, ne peuvent subsister qu'un temps. Mais que de maux, que de crimes, que d'horreurs le libéralisme aura semés sur son passage! Combien seroient coupables les chefs qui l'auroient toléré, favorisé ou dédaigné! Ils répondroient à la justice éternelle, et aux siècles futurs, de l'embrasement du monde.

LE LIBÉRAL.

Avant d'aller plus loin, il faut d'abord nous entendre sur ce mot de *révolutionnaires;* quand nous serons d'accord sur ce point, la discussion deviendra claire. Un révolutionnaire est un homme qui veut changer un ordre de choses établi, en employant soit la ruse, soit la violence, ou tout autre moyen illégal. Or, peut-on faire ce reproche au parti libéral? je soutiens que non. Quel est en ce moment l'ordre de choses établi, la base de notre gouvernement? c'est la Charte. Puisque le Roi et les Chambres n'ont de pouvoir que par la Charte, donc, vouloir autre chose que la Charte, c'est être révolutionnaire. Comment peut-on accuser de fomenter une révolution ces libéraux, qui ne demandent que la stricte observation de la Charte?

LE ROYALISTE.

Qui veut plus que la Charte, moins que la Charte, autre chose que la Charte? Faites-moi çonnoître les parjures; s'ils sont dans nos rangs, je les déserte. Qui peut se permettre de supposer qu'un Roi Très-Chrétien soit capable de se parjurer? Si nos lois étoient compétentes, cette seule supposition seroit punie sévèrement; mais je m'égare.... Autre que les libéraux, qui peut désirer un changement dans notre gouvernement, puisque le Roi est entouré d'amis qui lui sont dévoués, et qui ont donné mille preuves éclatantes de leur attachement aux Bourbons? L'acharnement avec lequel on les poursuit doit les rendre encore plus dignes de la confiance dont ils sont honorés.

LE LIBÉRAL.

Est-ce en attaquant des ministres que le prince a honorés de son choix que les libéraux se montrent révolutionnaires? C'est un grand honneur sans doute; mais cette marque de distinction ne les rend pas inviolables; ils sont appelés au maniement des affaires d'un grand peuple; si ce peuple les trouve indignes de sa confiance, il peut les flétrir et les accabler des traits de sa haine. Ennemis insensés de la nation, vous appelez les libéraux révolutionnaires, et vous ne savez pas ce que c'est qu'un homme qui veut des révolutions! vous les comparez aux Robespierre, aux Marat; vous dites qu'ils veulent boire le sang du peuple : dites-moi donc où vous avez vu que les libéraux excitassent le peuple à la révolte, qu'ils voulussent verser dès flots de sang? A quoi bon exhumer les spectres de 1793, et nous reporter à des temps désastreux *qui ne doivent plus revenir?*

LE ROYALISTE.

C'est vous qui, par vos *bruits sinistres*, par vos comités-directeurs, par vos clubs, et par vos écrits séditieux, incendiaires, nous rappelez sans cesse ces jours de douloureuse mémoire. Etes-vous capables d'arrêter les passions que vous avez excitées? quand vous aurez lancé le peuple dans l'arène révolutionnaire, êtes-vous sûrs de pouvoir contenir sa fureur? Vous créez des associations sous prétexte de refuser l'impôt, afin de compter vos soldats par le nombre de vos souscripteurs...... mais continuez.... je suis plus que jamais loin d'être converti.

LE LIBÉRAL.

Prétendez-vous prouver le présent par le passé? cessez ces manœuvres; on croiroit que c'est pour en tirer de nouvelles flammes, que vous remuez sans cesse les cendres du foyer révolutionnaire.

LE ROYALISTE.

Voilà du Chateaubriand tout pur ! vous êtes comme cet *illustre rédacteur*, qui voit partout des tempêtes et des cendres chaudes prêtes à embraser la France : mais ce qu'il ne voit pas, c'est ce roseau qui s'incline et se relève au gré de ces tempêtes. Les métaphores vous font perdre de vue la question et vous empêchent d'être conséquent. Lequel, de vous ou de moi, prétend prouver le présent par le passé ? N'est-ce pas vous, qui accusez les royalistes de vouloir nous reporter avant la révolution ; de rétablir les dîmes, les corvées, et enfin de ramener tout le régime féodal ? Puisque vous nous supposez de telles intentions, ne pouvons-nous pas vous accuser de tramer une nouvelle révolution ? Si nous n'en avions pas une à quelques pas derrière nous, si l'on ne voyoit pas encore du sang sur la place Louis XVI, de ce sang royal qui a coulé le 21 janvier et le 16 octobre, je pourrois me laisser séduire par vos sophismes; mais je prie Dieu qu'il nous préserve d'une liberté telle que la vôtre. Le matin, vos ancêtres parloient de liberté, et le soir ils prononçoient l'exil de quelques milliers de Français, convaincus du crime de *lèse-nation*, c'est-à-dire, de n'avoir pas voulu être leurs complices dans l'art d'assassiner les rois, de massacrer le peuple, et le tout aux doux noms d'*égalité* et de *fraternité*.

Une expérience de quatorze siècles nous a prouvé qu'une monarchie seule convient à la France; il faut alors s'assurer le moyen de la conserver dans toute sa splendeur. Périsse à jamais toute faction qui voudroit troubler notre bonheur présent et futur! j'espère qu'elle sera toujours en minorité, avec les bons principes qui existent encore en France. Si nous triomphons d'elle, (Dieu le veuille!) nous ne les imiterons pas; avec nous il ne s'agira ni d'échafauds permanens, ni d'exil, ni de prison; nous ne nous en prendrons pas aux hommes, mais à leurs œuvres.

LE LIBÉRAL.

Je ne vois rien dans la conduite du libéralisme qui puisse mériter ces reproches qui révoltent la raison.

LE ROYALISTE.

Qui est donc la cause de tout le désordre intérieur qu'éprouve la France, depuis plusieurs années? qui nous a donné cette maladie morale, qui est d'autant plus dangereuse qu'elle corrompt l'ame et le cœur sans altérer le physique, si ce ne sont les journaux, organes du libéralisme?

Autrefois on conspiroit franchement à coups de fusil pour s'emparer du pouvoir; mais, la loi ayant fait justice des Berton et des Bories, cette faction inventa un autre moyen d'instiguer les Français à la révolte. A présent, c'est à coups de plume que se font les conspirations; les chefs de parti se sont métamorphosés en rédacteurs de journaux : ainsi, en affoiblissant le pouvoir du journalisme, on anéantiroit le noyau de la rebellion qui existe en France, à l'ombre de la justice et au nom de la liberté.

Cette puissance voudroit tuer la monarchie, et s'emparer des rênes de l'État, afin de la conduire dans l'abîme que ce monstre creuse depuis si long-temps, et au fond duquel sont prêts à la dévorer de nouveaux Buonaparte, Danton et Mirabeau. Dans le dernier combat, dont les ordonnances du 8 août ont donné le signal, il faut que la monarchie succombe ou le journalisme; c'est un combat à mort que ces nobles athlètes viennent d'engager : espérons que la tempête nous ramènera au port !

LE LIBÉRAL.

Vous prétendez que le but de la presse périodique, et son effet certain, sont de précipiter la nation dans le gouffre de l'anarchie, entr'ouvert déjà pour tout dévorer!.... Sur quels faits positifs fondez-vous cet échafaudage de palinodies ridicules? On diroit, à vous entendre, que les journaux de l'opposition prêchent la révolte et la guerre civile. Est-ce que vous ne savez pas que des milliers de procureurs royaux sont là prêts à lancer l'anathème contre les imprudens qui oseroient dépasser les limites de leur liberté; que mille *tribunaux complaisans* sont là prêts à les condamner? Vous allez même jusqu'à prétendre que les journaux libéraux sont cause du malaise général qui se fait sentir, et de l'esprit d'inquiétude qui s'est emparé de la nation; tandis que c'est le choix seul d'un ministère qu'on ne peut qualifier, qui frappe de stupeur la nation entière, et *qui voudroit dépouiller le trône de l'affection du peuple!*

LE ROYALISTE.

Pourquoi cette stupeur? pourquoi craignez-vous le Roi et ses conseillers? N'a-t-il pas toujours veillé au bonheur de ses peuples? Mais c'est ce bonheur-là qui vous est importun, et surtout son dispensateur. Ce sont les journaux qui sont les seuls alarmistes : sans rougir, ils répandent des bruits sinistres là où règne la plus parfaite sécurité; ils font des malheureux là où tout le monde est content.

Rien n'est sacré pour ce hideux monstre, enfanté par la révolution et nourri par des perturbateurs : un tribunal devient injuste, s'il condamne ses outrages; le Christianisme est temporaire, parce qu'il se prononce contre ses impiétés et ses excès; il plonge ses insolens regards jusque dans le palais du Roi, et se permet de donner des leçons à ce vertueux monarque; enfin, tout ce qui ne porte pas sa livrée est indigne de son respect.

Je cherche son utilité au pays, et je ne trouve rien qui puisse être comparé au mal qu'il fait. Plus de six cents journaux sont chargés de semer l'inquiétude et de créer des ennemis à la royauté; il la frappe dans l'ombre, sans qu'elle puisse distinguer son meurtrier. Le journalisme est une puissance qui se forme à côté du trône et à la face d'une chambre de députés; c'est un tribunal démagogique; enfin, c'est l'ennemi du Roi : comme il ne doit pas en avoir, il faut s'en débarrasser par tous les moyens possibles.

LE LIBÉRAL.

La chute du journalisme entraîneroit infailliblement celle de notre prospérité.

LE ROYALISTE.

L'histoire du passé vous prouve le contraire. Rappelez-vous la France au quatorzième siècle,

> Respectée au dehors, puissante, fortunée,
> Et, maintenant, voyez quelle est sa destinée !

A cette époque, de glorieuse mémoire, il n'y avoit pas de journaux, et on étoit heureux.

LE LIBÉRAL.

Ce n'est pas à nous qu'il faut reprocher ces malheurs; c'est le temps qui les a causés. Mais, en admettant cette décadence politique, vous ne nierez pas, au moins, que la chute du journalisme nuiroit aux sciences, aux lettres et à l'industrie. Les journaux encouragent nos timides talens, qui écrivent sous le manteau d'un gérant responsable, et qui deviennent plus tard de fameux publicistes : c'est ce que nous appelons le *siècle des lumières.*

LE ROYALISTE.

Vous êtes dans l'erreur. L'existence du journalisme nuit aux lettres. *Les timides talens* ne se développent pas si facilement, parce qu'ils craignent la critique de journaux qui ne trouvent de mérite que dans les auteurs qui chantent leurs louanges. Je veux toujours vous donner le passé pour exemple. Il n'y avoit pas de journaux pour annoncer l'immortelle *Iliade* d'Homère, la savante *Jérusalem délivrée* du Tasse, les chefs-d'œuvre de Shakspeare, pour critiquer le *Télémaque* du vertueux Fénélon. Il n'en existoit pas à ces diverses époques, et les lettres étoient à leur dernier échelon de splendeur! Vous dites que nous sommes dans le *siècle des lumières,* et les sciences sont dans les ténèbres! Plus de ces auteurs qui faisoient la gloire et l'admiration de leur patrie! Nous avions des Racine et des Buffon, des L'Hôpital et des d'Aguesseau : nous avons des journalistes et quelques faiseurs de chansons. O Phébus! tu n'inspires donc plus cette terre classique où Millevoye et Bossuet reçurent le jour!!!

Et quand même la presse périodique donneroit la gloire littéraire, seroit-ce une compensation pour les maux qu'elle engendre, et qu'il faut prévenir désormais?

LE LIBÉRAL.

Mais, puisqu'il y a des tribunaux chargés de réprimer les délits, pourquoi ne pas dénoncer le journalisme à ces juges impartiaux?

LE ROYALISTE.

1° C'est que, s'il falloit les traduire toutes les fois qu'ils sont répréhensibles, la police correctionnelle n'auroit à s'occuper que des journaux; car il n'en paroît pas un qui ne contienne un outrage à la religion ou au Roi; 2° c'est que, parmi ces *juges impartiaux*, il peut se trouver plusieurs actionnaires des journaux accusés, ou quelques amis *dévoués* des auteurs, ce qui contribueroit beaucoup à faire pencher la balance de Thémis vers l'abîme révolutionnaire.

D'ailleurs, les procureurs du Roi ne sa-
vent s'ils doivent user de la rigueur des
lois envers les écrits séditieux. Un tribunal
renvoie de la plainte ceux qu'un premier
avoit condamnés. Ce qui est pour l'un un
outrage au Roi, une excitation à la haine
et au mépris de son gouvernement, une
offense à la dignité de la couronne, n'est
pour l'autre qu'une simple *inconvenance*.
Il faut donc une mesure radicale pour le
journalisme, afin de purger la France de
ce poison corrupteur. Pourquoi tolérer
une institution aussi contraire au repos
du pays, une institution anarchique dans
une monarchie représentative? je ne le
conçois pas.

LE LIBÉRAL.

C'est ce que je vais vous apprendre. Dans
un état où l'autorité royale est tempérée
par l'autorité du peuple, réprésentée par
la chambre des députés, la première condition, la condition essentielle de la bonne
intelligence entre les deux pouvoirs, est la
liberté de la presse : car seule elle est le
noeud qui puisse lier les intérêts monar-

chiques aux intérêts populaires, en faisant connoître aux chefs de l'État les vrais besoins de la nation. Or, les seuls organes possibles de ces besoins sont les journaux politiques, qui, se reproduisant tous les jours, sont le perpétuel écho des sentimens du peuple; de la polémique qui s'établit entre les journaux des divers partis, il en jaillit une grande lumière sur ceux qui ont en main les rênes du gouvernement. L'utilité des journaux quotidiens est incontestable. La Charte donne à tout français le droit de mettre son opinion au jour, quand elle n'outrage ni la religion, ni la royauté, ni la morale.

LE ROYALISTE.

Voilà qui est judicieux : que les journaux donnent leur opinion sur les actes du gouvernement, rien de mieux; mais qu'ils n'y mettent pas de fiel, et qu'ils sachent respecter les convenances. Qui empêcheroit d'ailleurs vos auteurs d'écrire, de faire des ouvrages, des volumes? personne. Ils développeroient mieux leur opinion sous cette nouvelle forme; leurs

ouvrages seroient mieux goûtés, on y atta-
cheroit plus d'importance, on les consul-
teroit avec intérêt, avec impartialité; au
lieu que les journaux sont considérés
comme des pamphlets dictés et salariés
par tel ou tel parti. Voyez dans vos rangs
cet homme d'esprit qui salit sa plume dans
un journal; ce noble qui se ravale en écri-
vant dans le même sens que les déistes et
les régicides : s'ils consacroient leurs in-
stans à faire des ouvrages utiles, ils seroient recherchés, ils leur survivroient
peut-être; tandis que les articles qu'ils
font le matin sont oubliés le soir par les
hommes qui respectent leur conscience.
Si on y pense encore, c'est un souvenir de
mépris qu'on leur accorde.

LE LIBÉRAL.

Vous n'exceptez aucun journal de l'a-
nathème que vous lancez contre la presse
périodique.

LE ROYALISTE.

A toute règle il y a des exceptions. Je
dois à la vérité de dire que, sur nos six

cents journaux, il y en a cinq ou six qui
sont utiles; ce sont ceux qui travaillent à
faire aimer *Dieu*, le *Roi*, la *France*; ceux-
là seuls sont tolérables, et n'exciteront jamais à la révolte les fidèles sujets du Roi.

LE LIBÉRAL.

Parmi vos royalistes, il en est qui veulent que l'on abolisse tous les journaux,
excepté le *Moniteur*, qui certes ne fera
pas de l'opposition.

LE ROYALISTE.

On ne peut détruire radicalemeut le
journalisme; il porte ses coups au nom de
la liberté de la presse; mais on pourroit
affoiblir son pouvoir. Pour remédier aux
maux qu'il fait à la France, on pourroit
en augmenter le timbre ou prendre toute
autre mesure salutaire. En Angleterre, où
l'on jouit aussi de la liberté de la presse,
le timbre est à 40 centimes. Le rapport de
cet impôt soulage les contribuables, sans
nuire aux progrès des sciences et des arts.
Si l'on adoptoit une mesure à peu près
semblable, plusieurs journaux seroient

forcés d'abandonner leur entreprise, les autres obligés d'augmenter leur abonnement! tant mieux! une nombreuse classe ne liroit plus aussi facilement ces cours de démagogie, et c'est là mon intention ; car, cette classe étant la plus nombreuse et la plus ignorante, on a tout à redouter de sa brutalité, de ses passions excitées par l'appât d'un changement de fortuue ; ils ont encore à la mémoire ce soldat devenu empereur, cet élu du peuple qui combloit tous leurs vœux. Les journaux cherchent à faire désirer les beaux jours de l'empire, ces jours de deuil où la France étoit inondée de larmes. La *justice* étoit la base de ce gouvernement *paternel;* avec quelle onction il consoloit les blessés de Jaffa! avec quelle charité il distribuoit du pain aux malheureux assemblés sur les marches de Saint-Roch! avec quel amour de l'humanité il faisoit planter des lauriers dans les plaines de Moscou et dans les rues de Sarragosse! avec quelle grandeur d'ame, quelle dignité, il détrônoit les rois pour les remplacer par ses compagnons d'armes, ses parens, *tous ces rois de-*

mi-nus, salis et abrutis par l'indigence, en-
laidis et mutilés par les travaux, n'ayant
pour toute vertu que l'insolence de la mi-
sère et l'orgueil des haillons!

Ce sont de telles actions qui plaisent
au peuple français; il faut être tyran pour
s'en faire adorer. Je ne vois pas de diffé-
rence entre Commode et Buonaparte; c'est-
à-dire qu'il n'y a pas eu dans le monde
de tribun chargé de plus de crimes : il a
plus corrompu les hommes, plus fait de
mal au genre humain, que tous les tyrans
ensemble, depuis Néron jusqu'à *Brutus*
sans-culotte.

L'assassinat du duc d'Enghien suffiroit
seul pour le faire détester de tout homme
de bien. Quelle liberté que la sienne,
grand Dieu! Vouliez-vous élever la voix,
un espion vous denonce, une commission
vous juge, on vous casse la tête, et vous
êtes oublié.

Vous craignez que l'existence du journalisme ne soit menacée par un ministère
ennemi de la révolution; mais rappelez-
vous comme Buonaparte respectoit la liberté de la presse : vous vous gardiez bien

de vous plaindre quand il faisoit éguiser les ciseaux de ses censeurs! Vous savez avec quels argumens *tonnans* il faisoit droit à vos suppliques! Mais qu'importe? Buonaparte étoit votre héros, tout étoit légitime avec lui, et avec les Bourbons tout vous paroît illégitime.

LE LIBÉRAL.

Sans chercher à savoir quel gouvernement le plus convient à la France, je ne m'écarte pas de la question, et je poursuis ma défense de la presse périodique. Après avoir blâmé l'esprit des journaux, vous en blâmez le nombre, et vous me citez l'exemple de l'Angleterre, où il n'y en a que cinquante environ. Comme tout, dans un royaume, doit être proprotionné à la population, le nombre des journaux français doit être nécessairement plus grand que celui des journaux anglais, puisque la France contient plus du double d'habitans que l'Angleterre. Ce qui vous choque, c'est la modicité du prix des journaux, qui permet au plus pauvre artisan de les lire; vous voudriez que la richesse seule eût ce privilège. Et de quel droit prétendez-vous dépouiller le *petit commerçant* des moyens de connoître les actions de ceux *à qui il confie le destin de la patrie?* Ce qui vous irrite surtout, c'est de voir répandre dans les classes indigentes les feuilles de l'opposition ; vous êtes indignés à l'aspect de ce portefaix qui, à l'angle d'un mur, tient à la main le *Constitutionnel* ou le *Courrier français.* Pourquoi lit-il de préférence ces journaux ? Sont-ils moins chers que la *Gazette* et la *Quotidienne?* Non ; mais ces derniers sont l'écho d'une coterie qui ne rêve que l'absolutisme, tandis que le *Courrier* et le *Constitutionnel* sont l'écho de toute la nation. Ne dites donc plus que vous combattez les journaux par royalisme, et même par amour pour le bien.... Ce n'est que par colère et par envie ; vous savez qu'ils font le bonheur du peuple, et vous voulez les détruire.

LE ROYALISTE.

Le bonheur du peuple! Vous ne pensez qu'à vos intérêts; vos journaux immoleroient la France à un article qui pourroit faire enfler leur caisse. Ils vous rapportent beaucoup d'argent, et vous flattez la basse classe, étant la plus nombreuse, afin qu'elle vous prenne des abonnemens. Votre patron, votre politique, c'est l'or. Voyez si les habitans de la Prusse, de l'Autriche et de l'Allemagne, sont moins heureux que nous, parce qu'ils n'ont pas six cents journaux occupés à réchauffer dans leur sein les serpens de la discorde! Ils n'en sont que plus paisibles, au contraire; leur ambition n'est pas excitée chaque matin; on ne cherche pas à leur faire croire que le peuple est plus que le Roi, et ils jouissent en paix des bienfaits de leur souverain.

Votre colère m'éclaire; sitôt votre départ, je vais m'occuper de faire une supplique, dans laquelle je réclamerai l'attention du gouvernement sur les excès de la presse périodique, et où je ferai mention d'une augmentation de timbre.

Je dirai : L'article 19 de la Charte vous donne la faculté de supplier le monarque de proposer une loi ; usez de cette faculté, Messeigneurs ; suppliez Sa Majesté qu'elle rende une ordonnance, ou qu'elle propose une loi qui oppose des digues au débordement de licence dont les journaux sont les organes. La Charte vous l'ordonne ; elle vous commande d'exaucer les vœux des amis de la *vraie liberté;* il y va du salut de la monarchie.

LE LIBÉRAL.

Quelle main seroit jamais assez hardie pour menacer l'existence du journalisme, de ce *palladium* de nos libertés publiques! ce seroit déclarer la guerre à la nation, et la nation ne fléchiroit pas sans doute devant l'audace d'hommes capables de l'outrager à ce point. Ennemis de la presse, vous nous parlez sans cesse de révolutions ; si vous les craignez, vous ne mettrez pas, par cet acte, le comble à la haine du peuple contre vous ... *vous savez quelles victimes le peuple choisit, quand il s'arme pour la défense de ses droits.*

Ces droits sont la liberté de la presse et la liberté individuelle. Malheur à qui oseroit briser cette arche d'alliance qui renferme toutes les garanties de la félicité publique! Vous qui nous accusez de dépouiller le Roi de sa puissance, vous ne balancez pas à proposer de dépouiller le peuple de ses droits les plus beaux, et, pourtant, *le peuple est autant que le Roi, puisque le Roi n'est rien sans le peuple, et que le peuple n'est rien sans le Roi.*

LE ROYALISTE.

Enfin, vous avez levé le masque; à votre langage, je reconnois le trop dangereux naturel des journaux et du parti libéral..... Non, encore une fois, ce ne sont pas les journaux qui font la prospérité d'un empire, et il n'y a que leur mort qui puisse faire revivre l'ombre éclatante de notre brillant passé. Vos séditieux argumens m'encouragent à réclamer l'attention du gouvernement sur ces *alarmistes* portant des torches qui embraseroient la France, si on ne les désarmoit promptement.

LE LIBÉRAL.

Vos menaces ne m'effraient nullement. Le pouvoir du peuple, dis-je, est égal à celui du Roi, et ses droits sont aussi sacrés, aussi inviolables que ceux du souverain. Prétendre enchaîner le libre essor de l'opinion publique, c'est vouloir ramener le règne du bon plaisir, *dont la révolution a fait justice*. Conseiller l'abolissement des journaux, qui sont les organes de cette opinion, c'est conseiller de briser le pouvoir populaire, puisque cette liberté seule relève la puissance du peuple : vous dites que ces propositions ont pris leur source dans votre attachement inébranlable au souverain, dans la crainte que les empiètemens du libéralisme font naître pour la puissance royale; défenseurs si zélés de la couronne, dites donc plutôt que *vous voulez la puissance absolue d'un seul homme*. Quels que soient vos désirs et vos intentions cachées, gardez-vous de toucher à cette liberté de la presse, qui vous gêne en vous combattant; n'invoquez pas contre elle la puissance royale, comme

un homme qui feroit assassiner son adver-
saire pour éviter un combat dangereux.
D'ailleurs, *le Roi n'a pas le droit de vouloir autre chose que la Charte, et s'il craint
ou s'il aime son peuple, il n'écoutera pas
vos conseils.*

LE ROYALISTE.

La Charte est sans doute l'ouvrage
de longues méditations; en la donnant,
Louis XVIII a fait preuve d'une grande
sagesse et de hautes lumières; mais ses
prévisions ne sont pas infaillibles; il a pu
se tromper sur l'avenir. Qui peut en répon-
dre sur cette terre, où tout est subordonné
aux décrets du divin Maître? La Charte
pouvoit être utile, salutaire, indispensable
en 1815; mais son auteur n'a pas prévu
qu'elle pourroit devenir inutile et funeste
dans la suite. Le temps, qui change tout,
pourra bien changer l'esprit du peuple; il
n'y aura pas toujours union de sentiment
et d'intelligence. Si la Charte, qui a été
donnée comme un bouclier contre la révolution, devenoit plus tard une arme
offensive contre la royauté; si la Charte

compromettoit notre avenir politique; si la Charte étoit contraire au maintien de l'ordre, à la sécurité de la monarchie, que faudroit-il faire? je le demande.

La Charte est l'œuvre d'un roi; c'est un roi qui l'a donnée : or, si un roi a eu le pouvoir de la donner, un roi doit avoir celui de la retirer, s'il pense qu'elle soit contraire à son repos et au bonheur de ses sujets. Le Roi tient son pouvoir de Dieu, et la Charte le tient du Roi. La Charte n'est rien sans le Roi, et le Roi est tout avec ou sans la Charte. Le cœur d'un petit-fils de Henri IV n'a pas besoin de Charte pour gouverner et être juste. Étoit-ce une Charte à la main que saint Louis rendoit la justice au bois de Vincennes? Étoit-ce une Charte à la main qu'il alloit combattre les infidèles? Non, un roi de France n'a pas besoin de Charte pour être rempli d'honneur et de loyauté!

D'ailleurs, vous vous retranchez derrière la Charte, et je ne vois pas pourquoi. L'article 14 ne dit-il pas que le Roi peut prendre toutes les mesures qu'il jugera convenables *pour la sûreté de l'État?* Or, cet article

trouve son entière application dans l'a-
néantissement du journalisme. Oui, au
nom de la Charte, dont, sans motif, vous
réclamez l'exécution, on pourroit le con-
gédier à jamais, et déclarer qu'il ne se
formera plus aucun journal qui ne soit au-
torisé par le Roi; mais, en agissant ainsi,
on lui donneroit de l'importance, et il
ne mérite que de l'indignation. Pourtant, votre dernier trait est trop fort; le
tolérer seroit l'encourager : ce n'est plus
seulement au gouvernement que je vais
adresser mes plaintes, j'irai les déposer au
pied du trône, et elles retentiront jusque
dans notre chambre des députés.

LE LIBÉRAL.

Oui, mais nous avons une majorité pour
passer à l'ordre du jour.

LE ROYALISTE.

Gardez-vous de le croire. La majorité
sera pour la prise en considération de ma
supplique. Quand les députés sauront qu'il
s'agit du salut de la monarchie et du bonheur de la France entière, tous les hommes

d'honneur ne formeront plus qu'un vœu, celui de secourir cette noble malade, à la santé de laquelle tous les Français s'intéressent si vivement.

Quand on verra monter à la tribune ce royaliste aux cheveux blancs, à qui l'âge et les persécutions ont donné de l'expérience; quand ce vieillard vous demandera la prise en considération de ma pétition, quel est le député qui hésitera à mettre une boule blanche dans l'urne, et surtout quand on l'entendra s'écrier, avec l'accent de conviction si familier aux orateurs de la droite :

Messieurs, la France monarchique et religieuse comptera au nombre de ses jours de gloire celui où des limites seront imposées au journalisme; celui où on ne confondra plus le dévouemeut et le faux zèle, la liberté et la licence. Il n'y a pas à balancer, il faut que la raison triomphe, ou que la société périsse; et, certes, l'un est préférable à l'autre. C'est à vous, Messieurs, que la postérité sera redevable de ce bienfait; c'est vous qu'elle bénira de ce grand acte de justice. Mais, si vous ne fai-

siez pas droit à la demande du pétition-
naire, et que la monarchie succombât sous
les coups du journalisme, qui la France
accuseroit-elle de son malheur? à qui re-
procheroit-elle ce débordement de corruption dont elle subiroit les lois ty-
ranniques? C'est vous, Messieurs, c'est
vous qu'elle maudiroit en contemplant les
profondes blessures que ses ennemis lui
ont faites en votre présence, et que vos
petits-fils ne verroient pas cicatriser.
Elle se plaindroit avec justice, car elle
vous a donné le pouvoir de faire son bonheur!

LE LIBÉRAL.

Je vois que vous êtes incorrigible; ce-
pendant je ne perds pas courage, et j'at-
tends la fin de la session pour vous con-
vaincre de votre hérésie.

FIN.

www.ingramcontent.com/pod-product-compliance
Lightning Source LLC
Chambersburg PA
CBHW051738050726
47598CB00003B/1240